NORTH

사이에 새가 들다

리토피아포에지 · 66
사이에 새가 들다

인쇄 2017. 8. 20 발행 2017. 8. 25
지은이 정무현 펴낸이 정기옥
펴낸곳 리토피아
출판등록 2006. 6. 15. 제2006-12호
주소 402-814 인천 남구 경인로 77(숭의3동 120-1)
전화 032-883-5356 전송032-891-5356
홈페이지 www.litopia21.com 전자우편 litopia@hanmail.net

ISBN-978-89-6412-087-3 03810

값 9,000원

이 도서의 국립중앙도서관 출판예정도서목록(CIP)은 서지정보유통지원시스템 홈페이지(http://seoji.nl.go.kr)와 국가자료공동목록시스템(http://www.nl.go.kr/kolisnet)에서 이용하실 수 있습니다.(CIP제어번호: CIP2017018840)

※본 사업은 인천광역시, (재)인천문화재단, 한국문화예술위원회 지역협력형사업으로 선정되어 발간하였습니다.

정무현 시집

사이에 새가 들다

LITERATURE & UTOPIA

시인의 말

다시
산 만큼의 인연이 만들어진다.
사람과 사람사이, 물질과 물질사이
보지 못했던, 보아도 알지 못했던
인연이 만들어진다.
그 인연이
마음으로, 느낌으로
다가와서 머무는 시간
산다는 것이 소중하다.
소중하기에 촛불을 밝힐 수 있고
결실을 구하려 눈을 거꾸로 떠보기도 하며
열정과 냉정으로 덤비듯 가라앉듯 존재를 느끼고
마침내 씩 웃으며 유유자적으로 빠져본다.
바람의 느낌이 시원하다.
햇살의 느낌이 따뜻하다.
코를 벌렁대며 인연을 맞으러 간다

2017년 여름
정무현

차례

제1부 촛불을 켜다

제2부 결실을 얻기까지는

제3부 열정과 냉정

| 제1부 |

촛불을 켜다

하늘꽃*

검은 땅에서
아수라의 꽃이 피어오른다.
꽃이 되는 건
절정에 이르는 거다.
어떤 색깔의 어떤 모양의 어떤 이름의
절정에 이르는 거다.
향기가 있더라도 없더라도
절정에 이르는 거다.

한소끔 머무는 희망이어도 좋다.
백일의 꽃이 아니어도
찰나를 염려하지 않는다.
별을 덮어 검은 땅이 되어도
눈 깜박하는 사이에 피어오른다.
환하게 광배를 드러낸다.

* 불꽃놀이를 보고.

천한 근성

모서리는 각이다.
서로 각을 맞대어 각을 해소한다.
각이 사라지는 만큼 아픔이 줄어든다.

둥글게 자리한다.
중심도 사라지고 모서리도 사라진다.
각이 싫어 둥글게 하니
자주 보지 못하는 고급이다.

둥글고 둥근 사이로 오목해진 틈이 생겼다.
베어낼 수 없는 어정쩡함
어떡하지
어색하고 불편해

툭하면 부딪혀 아팠는데
사방이 모서리 진 곳에 들어서니
편안한 이 기분
미친 거다.

바람

가만히 있는 너를 많이도 흔들었지
나무가 흔들고
파도가 흔들고
풀잎마저 흔들었지
가만히 있으려 해도 자꾸 흔드니 참을 수 없어
된바람으로 화를 내고 웅웅 울기도 하고
북새바람으로 겁을 주기도 하다 마침내
태풍으로 엎어버렸지

풀잎이
나무가
파도가
너를 흔든 건
세상에 바라는 걸 알리려 했던 거야
네가 몰랐던 거야

햇살문 벌집

햇살문 벌집에 벌들이 모여든다,
셀 수 없이 모여든다.
기후이상으로 모여든다.
햇살문에 기운이 드린 꽃이 핀다.
피어나는 꽃만큼 벌집이 커진다.
햇살문에서 은혜문으로
은혜문에서 내림문으로 그리고 희망문으로
자꾸만 커진다.
꽃은 벌집에 수백만 송이로 피어오르고
우주의 주문으로 독이 스며든다.

푸른 기와 아래 홀로 핀 꽃
꽃무리에 함께 하지 아니하고
푸른 독 세워 벌들과 맞서니
벌들의 웅웅 소리만 산자락을 흔든다.
햇살문은 햇살로 그윽해야 한다.
웅웅웅 소리 모으니
북망산이 꽃과 꽃으로 독에 취하여 울린다.

새벽바람이 벌을 끌고 도닥도닥 안으니
독을 토한 햇살문 벌집이 순식간에 사라진다.

포효

먹장을 휘저으며 하늘을 먹어치우더니
솜 더미가 되어 떨어진다.
사방의 산들이 기둥으로 받친다.

살이 흐무러지고 서서히 터진다.
일시에 터진다.
셀 수 없는 누에들이 싸리 불타듯 타오르고
사방은 불길 속에 싸리 불소리만 요란하다.
누에의 향연소리가 요동친다.
김이 나는 몸뚱어리가 솟는다.

말도 안 되는 싸움

약간은 어지러워도 팽팽하지는 않은 날
다윗과 골리앗이 비교 되지 않는
사금파리와 해가 싸움이 붙었다.
사금파리가 추워하기에
몸을 데워주려 한 거만한 자선이 문제였다.
괜찮다는 사금파리에게
이 정도는 껌값이라는 여유가 문제였다.
사금파리가 칼날 같은 이빨을 들이댄다.
해가 열불이 난다.
사금파리 아랑곳없이 독을 뿜으니
해가 찍듯이 열을 꽂는다.
사금파리의 독기가 칼끝에서 빛을 낸다.
달아올라 불가마에 넣어질 순간이다.
구름이 보다 못해 해를 막아선다.
시커멓게 속이 타들어간 매지구름의 진물이
뚝, 떨어진다.
사금파리 열 오른 몸으로 눈물 찔끔댄다.
곧 한바탕 울음바다가 될 성싶다.

발가락 사이 때

네가 있을 때 몸은 편안했다
통술에 젖으면 네가 더 어울렸다
네가 머무는 걸 당연히 받아들였는데
사람들이 뭐라 해도 흔들리지 않았는데
비웃어도 참았는데
수시로 쏘아대는 지청구도 견뎠는데
흐물거리는 이질감이 문제없다 태연했는데
이게 나의 모습이라 여겼는데
너 악착같이 달라붙어
지치지 않는 소유욕으로
기어이 참지 못하고
내 발가락을 온통 검게 감아 씌우더니
치사한 냄새까지 몰아세워 나를 닦달하다니
오늘 단연코 너와 결별하겠다.
이제 아파트경비구역으로 간다.
너와 결별한 나를 보여주겠다.

알고 싶습니다

헝클어진 구도자이다.
민망하게 걸친 겉옷
얼굴에는 수염이 옥수수 뿌리로 날린다

이혼한 남자
국궁을 즐긴 꾼
민주노총 산하 금속노조원
고아원에 딸을 보내고
딸 양육비로 10년에 200만원을 보낸 자
39일간 단식한 전문 데모꾼
돈 때문에 딸을 판 자

3년이 지나 그가 텔레비전에 나타났다.
넥타이와 잘 어울리는 양복이 가냘프다.
뽀얀 달이 떴다. 동그란 쿠키다.
정규직이 되어서도
딸과 5월의 여행 약속을 지킬 수 없었다고
나지막이 뱉어내니 눈물이 된다.

연탄이 꾸는 세상

검은 설탕으로 빵을 만들어낸 곳에는
가래 뱉은 눈알이 촘촘하다.
엄마가 보고 싶어
가슴을 박아둔 눈알이다.

푸른 열기가 눈길을 따라 다다른 곳에
마지막은 허연 모습이 된다.
엄마는 검은 설탕을 다 주고
누구도 찾지 않는 허연 무욕으로 돌아갔다.

어디를 가든 열기가 되고
가난한 자의 인내가 된다.
몇 푼은 살아가는 우파니샤드*
백년의 빵이 그렇게 만들어진다.
서로 눈을 맞추고
꺼지지 않는 푸른 독기를 머금어
수천 년을 산당山堂에서
기도하고 기도하여

진통을 일으킨
산실은 언제나 엄마의 꿈이 있다.
가래 뽑은 곳곳마다 가슴의 눈을 달고
마지막에 엄마가 있는 곳으로 돌아가는 거다.

더욱 강렬해지려고 가슴과 가슴의 골을 맞춘다.
이미 아랫도리는 벌겋게 아침 해를 품고 있다.
엄마를 맞으려 태연히 허옇게 변해간다.

* 우파니샤드 : 고대 인도의 철학 경전. 근본 사상은 대우주의 본체인 브라만Brahman, 梵과 개인의 본질인 아트만Ātman,我이 일체라고 하는 범아일여梵我一如의 사상으로 관념론적 일원철학이다. 이는 물아일여와 상통한다.

한글학자는 바쁘다

비치, 캠프, 핸드폰, 사이클, 셀터, 스프링클러, 드론
이름들이 고급스러워지고
시니컬, 쿨, 나이브, 델리케이트, 나이스, 굿
감정표현은 국제적으로 풍부해지고
커피, 아이스크림, 핫도그, 피자, 케이크
입맛은 세계화로 바뀌니
네트워크, 거버넌스, 페러다임, 프로젝트, 스페셜, 뮤직토크
담론은 지구로 중계되고 있다.

새로우니 우리말이 없고
이름을 짓자니 머리 아프고 세계화에 역행이다.
상형문자의 조어능력을 인정하고
세계어의 조어출현은 지켜보면 될 일이다.
말은 문자의 형이다.
말이 신라, 고구려, 백제시대 중국 전역에 널려있어
한자는 이를 문자화 해야만 했고
백제 혈통은 일본의 왕이 되니
이전의 세계화는 지금과 달랐다.

흑인음악이 들어온 시절
한글의 소리구조가 랩에 어울리지 않는다고
한 고고한 학자가 말씀하셨는데
지금 랩퍼의 소리가 한류로 진화하고 있다.

세계화에 맞추어야 한다.
동사무소는 동주민센터로 바꾸고
사무장은 주무로 불러
주무 밑에 주무관을 둔 것은
서기관보다 서기가 실력자인 이웃나라에서 채용한 것이다.
한글날은 韓語日이나 Korean language Day로 바꾸어야 한다.

사금파리

비포장길 한편에서
깨진 빛이 쪼아본다.
몸이 찰나에 부서지고
온통 백지장에 덮인다.
얇게 붉은 빛이 걷히니
풀이 온몸을 흔들어 새순바람을 바른다.

공포의 나무

새 한 마리 떨고 있다.
가지에 발을 딛지 못하고
잎이 무성하여 황홀경인데 콩닥콩닥 떨더니
나무의 세찬 숨결에 머물 자리를 못 찾는다.

버드나무의 윤기 있게 휘날리는 머릿결
물기 바른 피부
하늘거리는 손짓
바람을 감아 낭창낭창 놀고 있다.
날날이 고추잠자리 곤댓짓해 봐도
줄기가 내리치고 잎이 할퀸다.

혼미한 정신으로 조심조심 날아든다.
움푹 팬 가지에 깃을 세워 둥지를 둘 터
역사적 순간인데
탱글거리는 가지에 정성이 넘치더니
흔들리는 바람에 제풀에 놀라 허물어진다.

벌초

잘라야 한다.
꼭 이래야 되냐고 변명을 찾지만
유혹은 잘라야 한다.

칠성신을 타오는 곳
해의 길을 터야 하고
바람의 길을 보아야 한다.
달의 침실이 있어야만 한다.

파괴의 유혹이 시작됐어.
뿌리가 뽑히고
집채가 무너지고
산자락이 바다로 엎어져도
원망하여 버린 신을 다시 찾는 거야.

신의 소리가
웽웽거리는 예초기에 돌아가고
선택된 자들은 풀의 외마디에

코를 벌렁이며 향을 얻는 거야.
참았던 음모가 잘려나가고
컴컴한 공포가 잘려나가고
동그라니 반달이 솟아오른다.

그와 그

길이 사라지고 전봇대로
질주하던 자동차가 꽝,
뱅그르르 돌더니 뒤집어진다.

운전하던 그가 사라지고
그가 아닌 사람이 나타난다.

운전하던 그는 장례식장에 누워 있고
그를 대신한 사람이 그 앞에 나타난다.

운전하던 그는 없고
그가 아닌 사람이 맞이하고
그가 아닌 사람이 아는 사람이 나타난다.
운전하던 그를 아는지는 모른다.

관 속에 그가 있고
관 밖에 그가 아닌 사람들이 있다.

어제는 그가 관 밖에 있었다.

한 공간에 다른 공간이 함께 머문다.

봄맞이 도시에 눈이 내리다

사방이 회색빛으로 가득하다
연록빛의 군상이 그리듯 다가온다
오늘
연록마다 벚꽃이 무진장이다
둘러선 빌딩들이 벚꽃에 젖어있다
간밤에 쏟아부은 하얀 불이 제대로 옮겨 붙었다
2월에 벚꽃이 피는구나
불꽃으로 번져서 온몸을 태우는구나
벽에 기대어
봉오리 품은 목련이 파르르 떨고 있다

대마도

부산이 빤히 보인다.
대마는 영남, 탐라는 호남으로 양발을 삼았다.
임진왜란 때 이곳 장정을 징용하여
본토인의 씨를 말리려 했다.
이승만의 반환요구는 6.25전쟁에 묻히고
세종의 조선령은 화석으로 굳어있다.
대마도주 소 씨宋氏는 울산 두왕동의 김 씨로 전해져 오고
신라인이 머물고 고려인이 머물렀다.
풍신수길이 공격해야만 했던 땅
도민들은 맞서 싸웠고 동경박물관은 비석으로 증언한다.
1871년에 이즈하라번, 1876년에는 나가사키현,
강제편입 당하고 일본인이 들이닥치니
포츠담선언은 기억상실이다.
8월의 아리랑축제는 소리 없이 사라져도
리아스식 해안은 올망졸망 님을 기다리는데
덕혜옹주의 눈물이 감아 돌며 출렁이어도
독도를 시비하니 잊히고 있다.

| 제2부 |

결실을 얻기까지는

단풍

발에 감긴다.
떨어져 감긴다.

푸르도록 넘쳤지.
빛깔마저 화려한 나를 지운 자리에
그대가 드러난다.

앙상한 몰골로 힘없이 흔들리는 건
사실 그대의 모습이 아니다.
나의 영광은 끝까지 기억되고
그대는 담담하게 스스로를 인내하려 한다.

얼어붙는 공기와
전선을 튕기는 날카로운 고음의 화살이 날고
전쟁보다 잔인하게 고요가 덮친다 해도
혹독한 몸으로 오롯이 버텨야 하는
그대의 발에 내가 내린다.
발에 감긴다.

옥수수 연가

간밤에 이슬로 구르는 꿈을 꾸었다.
홀연히 젖은 잎이 된다.
달빛이 지나간 자국마다
줄을 새기며 익어가는 마야*의 사랑이다.

굳이 잎이 길어진 건
하지 못한 말 이리 많아
하지 못한 고백 길게 새겨둔 거지.
해와 달이 머물어도
고향의 파실*은 언제나 아른거린다.

강렬한 햇살과 달래는 달빛으로 산다.
어느 곳에서도 속울음으로
떠나는 바람마다 소식을 전하지만
불어오는 바람은 뒷바람만 이어준다.

알맹이마다 빼곡히 사연을 채우고
눈물골을 넣은 결실은

보자기에 싸고 또 싸서
접히지 않는 팔의 겨드랑이에 박아둔다.
때가 되어
긴 수염에 기대어 늘어질 때
마야의 영광으로 미련 없이 던지려 한다.

연골은 굳어버린 피부에 반질대며 잎을 후두둑 흔든다.
날이 어두워지면 다시 이슬로 뒹구는 꿈을 꾼다.

* 마야 : 마야문명의 일원인 키체족의 후예들이 라틴문자로 기록한 「포플 부」라는 성서에 신은 옥수수로 인간의 몸을 만들고 인간을 위해 '익스무카네'라는 사자를 내려보내 음식을 만들어 주고 이름을 지어 주었다고 전해지고 있으며 멕시코 남부 치아파스 지역의 신화에 따르면 동서남북, 네 방향의 바람과 일치하여 마야문명의 일원인 네 부족사람들을 질 좋은 옥수수 반죽으로 만들었다고 함.
* 팍실 : 짙푸른 옥수수밭이 있는 곳. 고대 마야인들의 유토피아

지금마다 답이다

구멍 뚫린 덩치들이
덕지덕지 자리 잡고 올라간다.
푸른 옛날은 사라지고
흐르는 파랑도 흔적 없지만
넓이보다 높이가 최선의 약속이다.
때 묻은 바람들이 수없이 오고 가고
그 바람 속에서 느린 생명들이 터덜대고 있다.
그림이 된 달구지, 똥지게, 빨래터
그들을 덕지덕지 벽돌상자가 먹어치운다.
그리움은 풀냄새에 있어야지
저녁노을보다 붉은 긴 모가지 끝에서 하얗게 쏟아진다.
어디에서 떠다니다 만나야 하는지
생각은 높이높이 엉켜가고 있지만
네가 가장 높을 때 내가 가장 높으면
우린 한 눈에 볼 수 있겠지
그러니까 자꾸 올라야만 한다.
지금은 약속인양 더욱 올라야 한다.

미미한 것의 별난

산덩이가 자리를 옮긴다.
산속의 팽나무, 아카시아, 참나무
저절로 따라 옮긴다.
소나무도 따라 옮긴다.
산속의 다람쥐, 찌르레기, 꿩
모두 절로 따라 옮긴다.
멀리 보는 매마저 따라 옮긴다.
산덩이의 처음과 끝 나무
따라 움직일까 멈출까.
멈추면 산더미를 벗어나고
움직이면 경계를 바꾸게 된다.

다랑이의 꿈

거친 숨소리로 트럭이 오른다.
생선을 뱉어내니 야채와 과일이 한바탕이다.
먼 곳에서 오는 것이 머물기 쉽다.
두부장수의 딸랑 소리는 새벽이 제격이다.
높은 곳일수록 먼 곳에서 오는 것이 많다.
어둠을 몰고 깊은 바다에서 온 놈
달디 단 햇빛을 받아들고 온 놈
다랑이에서 사는 이들은
거친 소리와 따스함을 알기에 신선이 되기 좋다.

다랑이 소년과 도심 소녀는
높이만큼의 차이로 사랑은 아리게 끝나고
그들은 신선을 바라지 않았기에
높이를 기억하지 않기로 한다.
도시 바닥에 뿌리를 박으려
진흙길을 오르고
눈길을 오르고
산비탈로 오르기를 멈추지 않는다.

햇빛이 뒤섞이고 바람이 뒤섞이고
폭우에 여전한 보금자리가 되는
소녀가 사는 집을 기억하며
매일 매일 오르기를 멈추지 않는다.
가장 높은 언덕에 있는 팽나무가
가지 사이로 바람을 일으키는 날은
트럭이 오르는 날이다.

도시인

저녁에 그 친구를 만나야 한다.
스포츠 중계 프로는 봐야 한다.
몇 시인가에는 누군가에게 전화를 해야 한다.
휴대폰이 계속 까똑까똑 한다.
내일 보고해야 하는 일은 아직 오리무중이다.
화장실을 옆에 두고 앉은 다리를 더욱 꼰다.
머리는 급한데 몸은 일어서질 못한다.

한 인생이 이렇게 복잡하다.
세상을 다스리는 하늘은 얼마나 힘들까.
그냥 비를 퍼붓는 거다.

가족복지제도

한 놈은 멀쩡한 사지에도 벌이가 없으니
부모가 보살핀다.
한 놈은 불편한 몸으로 막서리로 보태도
부모는 보살피지 않는다.

일을 해야 할지 말아야 할지
자식들 가난 벗어나기 어렵다.

핑계의 섬에서

밤은 늘 파도가 몰아친다.
한 무리의 파도가 닥치면 이어 닥치니
잠잠해지는 순간이 어설프다.
난데없이 수상스키의 바다를 훑는 소리는
어김없이 파도가 이어 따른다.
섬 한가운데에 자리하여
떠다녀도 떠다녀도
외로울 것도 거칠 것도 없어
파도를 타고 온 개 짖는 소리가 반갑다.
나의 나는
파도를 파헤치며 수중궁궐을 짓자고
그것도 아니 되면 산호섬이라도 만들자고
쪽배라도 몰고 바다를 지키려고 힘쓰면
나는 바다가 없어도 된다고 버틴다.
밤은 파도를 만든다.
늘 잠들기 전까지 파도를 만든다.
날이 밝으면
바다는 온데간데없이 사라지고

섬은 키 다른 성벽으로 진지를 구축한다.
아스팔트만이 젖은 채 길게 뻗어있고
나는 태연히 문을 나선다.

라피도포라*

연약하여 아무도 거들떠보지 않는다.
마지막 힘을 다해 장막 속에서 기어오르기로 했다.
이마저 못한다면 종족을 끊은 죄가 된다.
큰 나무를 타고 오르니 어지럽고 무섭다.
겪어보지 못한 바람이 사정없이 뺨을 후려댄다.

어떡해서든 살아야 한다.
나무 우듬지로 머리를 드밀고 받아든 한 줌의 햇살
너무 높아 아래로 내려보낼 수가 없다.
식구의 아우성이 온몸을 흔든다.

애초에 블랙홀을 만들 생각은 없었다.
아둔한 머리로 할 수 있는 길은
제 손에 구멍을 내는 치명상이다.
볼품없이 벌레에 갉혀 없어지느니
빛을 빨아먹는 구멍충을 길러
길게 빠르게 빛을 가두어 두련다.

이건 우연이 아니다.

* 스스로 잎에 구멍을 내어 아래쪽 잎에도 햇빛을 닿게 하여 살아가는 덩굴식물.

옥수수자루

도리아식 신전이 세워지고 졸망졸망 예스럽다.
각자의 침실이 알차게 들어차고
난달의 끝은 극으로 향한다.
신의 마을을 만들고
요술램프를 켜는 주문이 박힌다.
이 주문으로 내 어머니 아버지는 살았고
하모니카로도 음악은 아름다웠다.

주문이 사라지고
신의 마을이 황폐하여도
그 터에는 벌집보다 달게 종유석보다 화려하게 꽃이 핀다.
극으로 이어진 대륙이 백야의 세상이 되더라도
수없는 늪이 깊이를 모르게 하더라도
여전히 신의 영역이고
신전은 터를 다듬어낸다.
물을 빨아올리고 시들지 않는
종유석으로 자라는 주문이 다시 박힌다.

가슴을 연다는 건

내 모두를 풀어 젖힌다.
학교 앞 좌판대 위를 슬쩍하고
거래로 즉석만남을 만들고
오줌을 지린 것
다 보여주는 뻔뻔함이다.
결정적인 건
사랑한다는 능청이다.

눈길을 피한다.
단단한 체 한다.
주인공인 체 한다.
나를 지켜야 하고 변명을 찾는다.
아무래도 할 수 없다는 것에 한숨을 쉰다.

홀로 남는다.
뒤늦게 뜨거운 몸이 흐느낀다.

의자가 머무는 곳

무주구천동에는 남모를 의자가 있다.
구천 명의 구도자가 의자가 되고자 했던 곳
삼십삼 경마다 쉬어가는 의자가 있다.

팔과 다리를 뻗어 등판을 만들기도 하고
등판이 짧으면 엉덩이를 불쑥 올리기도 하고
긴 등판인 때는 가슴살을 펴고 벌려 안는다.
햇볕 드는 공원에선 등판을 맞대어 드러눕고
지하철 찜통 피곤에는 마른 잠을 만들고
사무실의 빠른 시간에는 반쯤만 엉덩이를 감싸지만
머문 데로 보듬어 간다.

돌을 뚫어 통문을 한 나제통문으로부터
주목이 떼를 이룬 향적봉 정상까지
삼십삼천의 성마다 파루罷漏를 전파하니
삶의 기운이 지천으로 널려 있다.
얼굴 한 번 마주치지 못하고
육중한 생식 본토와 갈라진 대륙이 세상을 담아 짓눌러도

까진 등골이 희멀겋게 속살을 드러내더라도
신발이 헤지고 발톱이 빠지더라도
다시 다독이고 여유를 찾아
천년송 아래 천 년 바위의자가 된다.

누군가 그대의 의자가 되려고 무주구천동으로 간다.

받침대

이름을 갖지 못한 채
주인의 이름으로 살아간다.
아무리 뜨거워도
차가워도
무거워도
아무리 찔려도
견딘다.
주인과 함께이면 된다.

촛불은 자신을 태워 이름을 얻었지만
사라지는 고통보다는
함께하며 견뎌가는 숙명을 택한다.

겨울나무의 꿈

가지는 회색 공간에 박히고
몸뚱어리는 돌처럼 굳어
주위는 박제된 표정이다.

어디선가 참새 떼들이 날아들고
짹짹거리며 가지 위를 뒹군다.
슬쩍 칼바람을 그으니
후두둑 잽싸게 내뺀다.
잎이 무성한 시절에는 이곳에서 바람을 피했었다.

떼구르르 방향 잃은 녹슨 낙엽소리
깡통마저 텅텅거리며 제멋대로 구른다.
쭈구렁한 이파리 몇 개가 팔랑댄다.
앙상한 몰골로 바람의 길을 일러준다.

황사눈

뿌옇게 가려진 여인의 상처가
실연으로 포개어져
더께 부스럼이 춤을 추듯 쏟아진다.
사내의 머리에 푸석대며 떨어진다.
목덜미가 차게 서걱거리고
어쩌다 입술은 가룻물이 밴다.

한바탕 난장이 벌어진다.
사방이 미친 듯이 춤을 춘다.
여인의 신음이 온갖 소리로 울린다.
괭 괭 괭 괭
누런 눈이 땀방울로 느루 녹아
소리는 포물선으로 오그라든다.
오그라든 사이로
아린 상처가 햇살에 닿아 따뜻하다.
여인은 그제야 긴 잠을 청한다.
사내는 힘을 내어 그녀의 모습을 찾는다.
시커멓게 쌓인 눈가루가 해체된다.

하얗게 본 모습이 드러난다.

미련 없이 한 점의 물로 사라진다.

월급쟁이가 맞는 아침

1. 평일이다

밖은 촛불을 켠 듯 어둠이 걷어지고
알람이 급하게 소리친다.
더듬대며 급소를 지르고 다시 눕는다.
잠깐만이지. 머리는 떠있어도
요람에 든 느낌이다.
다시 잠이 파고든다.
이건 기상을 위한 준비야
막연한 불안이 따끔거리지만
이불이 악착같이 등짝에서 떨어지지 않는다.
비몽사몽 잠결이다.
낚시미늘에 걸린 느낌에
화들짝 놀라 전봇대 서듯 발딱 일어난다.
세수며 밥이며 혼미하게
퍼지르고 똥개 빠져나가듯 현관문 사이로 덜컹
부닥치며 사라진다.

2. 휴일이다.

밖은 촛불보다 어두운 때
의식 이전에 눈을 뜬다.
일어나려다 알람이 잔다는 걸 안다.
늘어지게 허리를 뻗는다.
태정태세문단세 절로 외워지고
기묘한 숫자들이 떠오르더니 다시 잠이 든다.
뱅뱅이 뱅뱅이 울리는 소리에
조가비눈을 뜨니 장단을 맞추는 텔레비전 소리다.
무수한 빛이 들어와 있다.
한껏 차오른 방광의 신호에
이불천막을 걷어 몸을 일으키니
옆에서 바라보는 입이 하발통이다.

연리지

뿌리는 각자의 도장으로 박았다.
근본이 다르다고
서로의 핏줄이 앞선다고
한 몸으로 엉겨 붙어 드잡이한다.
허리가 꺾어져야 결판이 날듯
피아의 분별을 하려고 해도
상처투성이 한 몸이다.
박힌 도장을 뽑지 않는다.

사랑하는 자연 씨

도드라진 봄은
여린 사람을 만들었고
풍성하게 받아먹은 겨울은
병마를 남겼다.

겨울은 차가워야 하고
단단해야 하고
말라비틀어지고
발가벗겨져야 한다.
이번만은 봄의 뿌리에 곡괭이가 튀도록 덮개를 씌울 테다.

나무와 새와
꽃과 나비가 다 아는 계절을
매년 겨울은 끝이라고 우긴다.

몰록 비틀림을 받고 있다.
아프다면 웃음이 온다는 소리다.

꽃잎

햇살이 뜨거우니
꽃술의 익은 열기를
온몸으로 둘러싸 받아낸다.

갈바람 부니
햇살이 데워지기까지
꽃술이 위태롭다고
아침마다 흥건히 눈물이면
스스로 메말라 꽃술만 보이게 사라진다.

| 제3부 |

열정과 냉정

쾌락

개미들이 줄지어 간다.
한 마리, 두 마리, 세 마리……
하얀 머리를 쳐들고 줄지어 간다.
머뭇거리지 않고 의심 없이
불두덩 속의 구멍으로 줄지어 들어간다.
하얀 머리가 계속 들어간다.

불두덩이 미로의 유혹에서 기어 나온 놈
온몸이 검게 탔다.
어질어질
줄을 찾느라 정신이 없다.
나오는 놈 죄다 정신이 없다.

바람이라는 명사

바란다는 거다.
알려야 하는 소망이다.
분명하여도
아물거리는 욕구다.

바라온 게 많기는 했다.
그래도 바람은 남아있다.
하늘이 내려앉거나
대마도 땅이 들러붙거나
망보는 여자가 없거나
신호등이 없기를 바라는 건 아니다.

아물거리는 욕구다.
냄새를 내거나
가슴을 서늘하게 하거나
더러운 것을 죄다 없앤다거나
천지를 뒤집는 이판사판이거나
그런 바람이 아닌

너덜길에서
메뚜기 졸다 뛰어오른 햇살에
코를 벌렁거리게 하고
귓불을 간질이는
바람 속에 너가 있는 거다.

휴대용 다기능 경광등

바닥에 세우니 등대 축소판이다.
경기驚氣 있는 남자는 물 만난 거다.
손잡이에 검은 버튼 두 개
위는 경광등, 아래는 플래시다.
위를 누르니 붉은 빛이 번쩍번쩍
남자의 자존심을 경고한다.
아래를 누르니 둥근 기둥이 쏘는 대로 박힌다.
이 정도면 암바위인들 버티겠는가.
다기능이다.
안전유리해머가 있고 안전벨트커터가 있다.
위급 시 탈출에 바로 이거다.
자석거치대가 있으니 사용이 자유롭다.
밀폐된 곳에서 완벽하다.
날씬한 배가 등대로 다가오고 있다.
이놈의 성능을 확인해야 한다.

싸이나

오들돌한 추위를 끌어모아
입김을 뿜으며 빨간 버찌에 싸이나를 넣는다.
빨간색만큼 열이 올라 두근거린다.
밭 끝머리 눈 속에 열선이 놓인다.

멋을 부린 버찌
빨갛게 달아있고
산토끼는 밤을 훔쳐 허겁지겁 삼킨다.
빨간 하늘이 동에서 일어나면
입김 내뿜은 길 따라
희고 흰 세상에 산토끼
밤을 다 마신 채 빨간 눈만 드러낸다.

찬티 안티

4,315. 개잡주 내일 4,000 아래 간다

엽총 2자루 구해놨다

또라이 천국이네

평단* 6,500인데 어제 손절*

불쌍한 일개미들*

어머니 치료해드리려고 효자 노릇하려다 빼도 박도 못하고

지금도 안 늦었소, 치료부터 받게 하시오

어제 블록딜*로 400만주 개관들* 매도

평단 9,200에 7천주 아무렇지도 않다, 난 고수니까

팔어 임마, 정신 차리고

사어버머니냐? 주식 없는 놈이

네, 이분 맛 갔구먼. 도박에 빠진 놈은 어머니도 못 구한다는데

존경스럽네요. 특집방송 잘 봤습니다

병신들의 특징, 상한가 쳐야 당연한 줄 안다, 호재는 이미 다 반영되었다고 손절하고 나간다. 기간조정 후에는 우상향해서 갈끼다, 존버*가 답이다

단타들은 대다수가 눈앞의 시커먼 파도만 쳐다보는 사시

같은 시야만 있다

5,500에 매도 걸어놓으시오. 마지막 탈출기회

얘도 휴짓조각 될 때까지 못 팔 듯

며칠 쭉 빠져 하한가 한 방 맞으니 맥이 시원하게 풀리네

3,700까지 빠지는 거 각오해라

우리가 믿는 진실은 세 번의 거짓말을 통해 얻은 결정이다

각자의 소리로 온갖 음모가 철퍼덕거린다.

* 평단 : 평균단가
* 손절 : 손절매의 준말. 매입가 이하로 팜. 반대말 : 익절
* 일개미 : 일반 투자자들
* 블록딜 : 거래소 시작 전후에 대량 매매하는 제도
* 개관들 : 기관들을 비하하는 말
* 존버 : 꿋꿋이 버티는 것

회상

보고 싶다.
꿈에서라도 보고 싶다.
덩그러니 홀로 되니
달이 머무는 싸리문은
눈물별이 대롱거린다.

마당 모깃불이 피고
피어오른 그대의 꿈
연기를 타고 아득히 자리하니
수많은 얘기가 하늘에 박힌다.

멀수록 잘 보이니
하늘거리의 별은 어김없이 만나도
남도 북도 어디인지 가늠이 되지 않는 그대는
그리움이 불어나 기다리는 시간을 불린다.

곁에 없다는 건 존재하지 않는 것
소식을 듣는 건 존재한다는 것

존재하여도 볼 수 없으니
하늘거리에 있는 별이 곁에 머문다.

사악하다

매력이 있어야 한다.
날름거리는 혀는 필수다.
재빨라야 한다.
발도 날개도 필요 없다.
촉이면 된다.
긴박한 순간의 생사는
시력과 청력이 아니라
느낌으로만 결정한다.

줄 모양의 긴 몸뚱어리로
억만년을 버텨왔다.
허물은 버려야 할 육신
있어야 할지 말아야 할지의 시력과
귓구멍도 고막도 없이
촉으로 해결해야 하는 외계의 삶인 채
하늘의 기를 혀로 받아낸다.

내 몸보다 몇 배가 굵어도 내 밥이다.

몸이 늘어난다는 건 경이롭지.
태어나서 아직까지 눈을 감은 적이 없다.
지느러미도 없고 다리도 없고 날개도 없이
가지 못할 데가 없다.
더욱 사악해지라고
발보다 빠른 몸을 주고
입보다 큰 붉은 혀를 주었다.

24시간 비서 되다
—휴대폰

최고의 찬사 속에 태어나
없어서는 안 될 존재가 되나
나를 대하는 꼴이라니
필요 없으면 꽉 막힌 부대에 가두고
숨이 끊어지는지 걱정도 않다가
소리를 지르거나 몸을 부들부들 떨어야 들여다본다.
괜히 쑥스러우면 내리 나를 벗긴다.
다행히 내 몸은 벗겨도벗겨도 알 수 없는 유체이탈이다.
나를 향해 미친 사람처럼
혼잣말을 지껄이고
마구 몸을 찍어 대고
벗겨보고는 킥킥대며 혼자 웃는다.
곁에 내가 없다는 걸 알면
미친 사람처럼 찾지만
막상 있으면 그림자로 둔다.

난감한 건
혼자 눈물 흘리며 나에게 물을 때다.

어떡하냐고
눈물을 쓰고 지우고 쓰고 지우고 하염없어도
나를 위해서는 그 눈물 흘리지 않는다.
밤늦은 시간에 나를 재우지 않는 건
나 따위의 감정이 필요 없어서다.

빗물

창에 힘껏 달라붙는다.
살아온 삶을 콱 박는다.

바람 소리 들리는 창은
못질을 멈추려 매달리고
바람 소리 모르는 창은
기별이나 하려 매달린다.

때가 되면 어차피 원초로 가려던 길
귀찮고 짜증나더라도 사라지고 나면
다른 날
그대가 빈 거실에서 홀리듯 창을 바라볼 때
그대의 눈에서 나를 만난다.

도시에 선 카인

서 있는 주위로
그림이 된 병풍이 둘러쳐져 있다.
물이 스친 도로에는 물개가 빠르게 지나간다.
햇살이 뿌려지는 속으로 옛 애인이 지나간다.
단번에 알아볼 수 없는 친구가 지나간다.
할머니가 지나간다.
수많은 인연이 지나간다.
수없이 스쳐도 모르는 인연이 된다.
다른 곳에 있어도 다시 병풍은 둘러쳐진다.

별이 돋자 그제야
검은 하늘과 나만 남는다.
검은 바람과 함께 날아간다.

융프라우*

가장 먼저 빛을 받아 선동을 하고 있다.
몰아로 가는 길은 빛이 하얗다.
구름도 하얘지고 만년설도 하얘지고
하늘의 후광으로 더욱 하얘지니
빛을 세워 우러러보고
그 선동에 스스로 하얗게 사라지고
세상은 녹아내리고 영혼은 어룽거린다.

빛이 허락한 선동꾼이다.
톱니를 발에 감은 빨간 두더지 무리가
굴을 따라 빛에 눈먼 자들을 퍼 올리고 있다.
수많은 몰아혼의 함성이 쩌렁댄다.

* 융프라우 : 알프스산의 한 봉우리로 높이가 4,158m이다. 1912년부터 산악열차가 개통되어 유럽에서 가장 높은 역 융프라우요흐가 3,454m에 있다. 만년설과 빙하로 뒤덮여 있으며 유네스코 세계자연유산으로 지정돼 있다.

무모한 증거

차 한 잔 하자는 말에
벽인 줄 모르고 좋아했다.
하룻밤을 새운 줄 알았더니
수삼 일을 혼미하였다.
돌아온 건 한쪽 뺨이 푸른 얼굴이었다.

좋아한다는 말에
바위인 줄 모르고 고백했다.
석 달인 줄 알았더니
삼 년여를 얼음벽에 껌딱지가 되려고 했다.
돌아온 건 구안와사였다.

아직 살아있다.
차 한 잔, 좋아한다는 말, 여전히 살아있다.
세월을 겪어도 억울한 줄 모른다.

맹그로브나무*

물을 떠나지 않는다.
온몸이 욕정으로 색기를 날리더니
뿌리는 아예 바깥까지 양다리다.
짠 놈, 싱거운 놈, 가리지 않고
숯이 되어서는 더욱 검은 빛깔로
붉은 열정을 쉼 없이 내뿜는다.
싹을 키워서도 새끼를 낳으니
어디를 가서든 살게 되는 번식놀이다.

짱뚱어가 타고난 바람기로
잎을 애무하고 구멍을 파헤치며 구애가 현란하니
맹그로브뱀이 그 뒤를 노란 몸매와 혀로 유혹한다.
식성이 까다로운 코주부원숭이라지만
큰 코만으로도 버틴다.
욕정의 터다.

*맹그로브나무 : 아열대 및 열대 지방의 해안지대에서 자라며 식물 중 유일한 태생종으로 나뭇가지의 가장자리에 생긴 새끼 나무가 바닷물에 떨어져서 번식

하는 특이한 나무다. 뿌리를 통해 산소 호흡을 하기 때문에 항상 뿌리의 일부가 문어다리 모양으로 수면 위에 노출돼 있다. 이러한 뿌리를 생리학상 호흡근이라 하고 형태학상 지주근이라고 한다.

갈증

낯익은 목소리가 다가오면
몸이 출렁댄다.
밥딜런*이 매달린 카페에서 만나는 게 좋다.
넉넉한 메뉴를 그리며
목소리의 살결을 더듬는다.

바다가 물개 등어리로 널려있다.
바람이 그어대는 몸에 햇빛이 내리꽂힌다.
풍덩하고 물개 등에 올라탄다.
물속에서 서로의 짠 내를 더듬는다.
불가사리의 촉수로 진을 빨아낸다.
아물아물
혼미해진다.

핸드폰이 꺼진다.
아! 호접몽

* 밥딜런 : 미국의 대중음악 싱어송라이터. 2016년 노벨문학상 수상자.

봄은 이렇게도 온다

가지가지 눈가지
하나하나 바라보니
반짝, 붉은 열매에
표독한
질투에 찬
햇살이 머물고 있다.

찬 눈송이를 먹기까지
쭈그렁
가지에서 벗어나지 못하고
더부살이처럼 매달려
꼬맹이 바람에도 달달 떨더니
딱정벌레의 구애를 받은 거지
눈 속에 파묻혀
미련 없이 떨어지기를 바라다
그의 가슴에서 뛰쳐나온 눈과 마주하다니

같은데

밝아진 그녀
엉덩이가 빛나도 어제의 그녀다.

노랑꽃, 빨강꽃, 오랑캐꽃, 민며느리꽃,
검정나비, 하양나비, 호랑나비, 범나비
이름이 즐비하다.

이름을 붙이고 붙여도
꽃은 꽃이고 나비는 나비다.
이름이 돌고 돌아도
여인은 여인이고 사내는 사내다.
나비가 나비가 아닌
사내가 사내가 아닌
꽃과 여인을 찾는 신기한 바람이 분다.

매일 오는 내일
미리 벗기고 싶다.

두부제조기

두부제조기를 꺼낸다.
제조기에 들어가면
예전의 모습은 잊어버린다.

올챙이를 넣으면 개구리가 나오고
애벌레를 넣으면 나비가 나온다.
눈물을 넣으니 사랑이 한 통 나온다.
노란 것을 넣으니 흰 것이 나오고
종이를 넣으니 상자가 나온다.
별을 한 아름 쏟아부으니 먼 곳의 소식이 날아온다.

터 터마다 자리를 잡고 사는 별들
원래는 작은 콩이었다.
불길에 뛰어들고 바람에 나뒹굴고
쇳바람을 마구 들이마시더니
다른 세상 제조기에서 죄를 씻으며 산다.
콩이 제조기로 들어간다.

전철역 계단

에스컬레이터로 오르고 엘리베이터로 오르고 계단으로 오른다.
통통대는 발소리에 시간은 숨차 오르고
난간에 기대어 오르는 시간은 느려져서 흐릿하다.
시간이 도착하는 매표소 입구다.

아슬아슬한 아가씨의 허벅지 높이가
치맛자락에 열려 마법의 성으로 안내하고
허연 머리털 꽂힌 수숫대 같은 시간은 뿌리째 흔들린다.
아랑곳없이 한 곳만을 응시한 채 나아간다.
먹기 위해 벌기 위해 버리기 위해 이곳을 찾는다.

이전에
시간은 가로수와 벌판에서 뒹굴었다.
도시를 만든 전철은
시간을 주워 담기 시작했고 시간이 되어버린다.
에스컬레이터, 엘리베이터, 계단으로 수많은 생각이 오른다.
시간이 머무는 곳이다.

| 제4부 |

유유자적

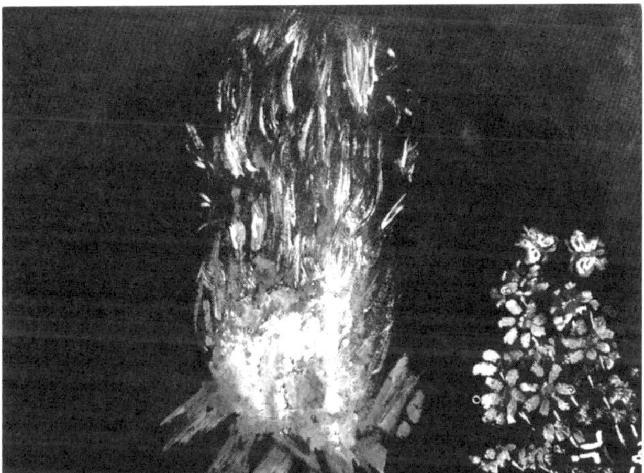

창창

왕창 와장창, 개골창 시궁창, 아구창 허벌창,
진창 걸창, 땀벌창 만신창,
깡창깡창 아창아창, 낭창낭창 회창회창, 창창,
창이 열린 틈 사이로
바알간 햇살이 거미줄에 걸린다.

십창 똥창, 공창 사창, 안창 달창, 깔창 굽창, 끗창 건창,
백세창 삼지창, 진복창 이건창, 김헌창 이봉창,
엉망진창 제제창창, 훈호처창 만화방창, 창창,
창 소리가 떼로 울리니
떨어지는 꽃잎, 피어나는 꽃잎
꽃 천지이다.

1572호 전동차

의정부행 전동차. 2016년 3월 29일 토요일
제물포역은 한산한 저녁을 맞고
차에 오르는 사람은 이럴수록 예절 있게 탄다.
역을 벗어난 사방은 어둠이 덮치고
달리는 전동차는 구원의 방주다.
안락하고 느긋하게 제각기의 표정인데
뱃전을 흔드는 소리가 물결처럼 일정하다.
달림이 멈추고 다가오는 안내 LED판

'동인천행'
반대방향이다.
사람들의 표정은 손 안의 창에서 삼매경이고
나머지는 꾸벅꾸벅 고개 눕히기이다.
저 안내판이 말하는 게 무엇이거나
있거나 말거나 상관없다는
뒤집어진들 별거냐며 달관한 모습이다.
멈춰진 곳에서 당황하며 내린 사람
떠나는 차창 뒤로 다시 타려고 허둥댄다.

차 안은 모두가 방주의 구원이다.

새로 오른 구원된 자들
LED판을 바라보는 눈이 동그래진다.
방주에서 급물살로 뛰어든 듯
검은 창밖을 두 번 세 번 내다본다.
고개 숙인 사람, 꾸벅대는 사람,
물살의 방향을 염려하지 않는다.
어디를 가든 이 배는 침몰하지 않는다.
오늘의 반어법행이다.

날개

저어서 고개로 오른다.
어린 고향을 찾고
어머니의 가슴은 뛴다.

들판을 가로지르거나
나무 위를 넘거나
물 위를 뒹굴다가
끝내 해에 꽂히면 파르르 잉태한다.

돌려 바람을 일으킨다.
돌려서 오른 곳
나만의 공간이 만들어지고
막힌 더위가 자리를 비우려고 바쁘다.

팔을 저어 날아볼까
팔을 돌려 바람을 일으킬까

그리울 땐 날고
답답할 땐 돌리면 된다.

바둑 한 판

—고급간부 교육

얼굴이나 몸집이나
듬직하여 모자람이 없이
올망졸망 바둑돌로 놓여있다.
바둑돌을 놓는 자
제한시간 동안 판을 짠다.

승부의 주인이 되지 못하는 돌
느껴보지 못한 무감각이다.
위용과 권위가 사라진 돌 사이에
마지막 한 수의 의미를 알고 싶어 하지 않는다.

판의 지배자는
자신이 돌이 될 때를 염려하지 않고
올망졸망 바둑돌은
제한시간이 끝나기만을 기다린다.
판이 끝나니
지금까지의 기억은 묻힌다.
총총걸음으로 다시 지배자의 길을 향한다.

세상 원리를 찾다

맨날 조져대도
맨날 껌 씹듯 씹고 있다.
조지거나 씹거나
뒤집히는 건 없잖아
숲속에서 황금가지*를 찾으니
질긴 물줄기로 골짜기만 더 파졌다.
허영청 애기당골은 깊어가고
뜨거운 치정이 쌓이더라도
계곡의 안개는 한 치도 망설임 없이 주는 대로 품는다.
조져도 씹지 않고
씹어도 누구인지 알려 않으니
서로 안긴다.
조지면 조여지고
씹으면 씹혀지니
조이고 씹혀 답을 찾는다.

* 영국의 인류학자 조지 G. 프레이저의 저서명. 겨우살이를 뜻함.

문득 혼자가 되니

해가 없다면 말이다.
시월의 이파리는 스산하게 되지
잎이 흔들리니 모두 댓잎소리가 되지
몸이 오그라들지
꽃꽃하게 버틴 건 허상이지
밝은 곳을 향해 발걸음이 빨라지지

물레방아

1.

열차와 함께 달리는 햇살은 파릇했고
차창 멀리는 느긋하게 푸르렀지

돌다돌다 오른 열차에서 다시 보았지
흐르는 냇물에 햇살이 졸고 있고
잎의 향기는 바람을 간질이고
수차 도는 소리는 새소리를 맑게 하고
햇살은 더욱 파랗고 먼 풍경은 더욱 푸르고

2.

아프니까 청춘이다.*
그때는 시간만이 넘쳤지

넘치는 시간을 써버리니
어른이 되어 기뻤지
거리의 장식물이 되는 건 몰랐어
다시 시간이 필요하다고 느끼는 순간

지나버린 오류를 받아들이지
다시 오른 열차에서 보게 되지
냇물은 흐르고 햇살은 파릇하지
수차가 빛 방울을 튕기지

* 아프니까 청춘이다 : 서울대 김난도 교수 저.

구봉도

이상한 이름이다.
큰 언덕 외진 곳 돌기 되었나
눈을 씻어 봐도 동굴은 없는데
섬이 동굴이란 말인가
용바위 숭숭 뚫린 덮개가 조개 떼를 몰고 왔나
해변의 연리지송은 눈물바다를 만들었나
그 자식은 어부 되어 세찬 물길을 떠다니고
돌아오지 않는 님을 기다리다 할매바위 되고
돌아온 어부 혼절하여 할배바위 되었나
개미허리 구미호 여인의 호리기였나

해송향 가득 채우고
조개들 돌잠 자고
섬 이 편에서 저 편으로
바닷물 놀이터 되어
낙조의 붉은 빛 뱉어내는 물길이 있다.
구멍도
나는 그렇게 들렸다.
지는 해를 품은 바다구멍이 돌기 끝에 휘날린다.

물오른 처녀

매화 통지문 보내니
앞 다투어 햇살들이 모여든다.
대문으로 쪽문으로 서로 고개 들이미니
꽃술 발그레 수줍다.
사이로 파고든 벌 나비
달작달작 꼬리로 희롱하니
매화궁 맨살들이 터질 듯 부풀어 오른다.
방아소리 날까 하여
숨어있던 바람이 흔들어버린다.

이팝꽃

5월의 쨍한 햇살에
이팝나무에 서리가 화들짝 덮쳤다.
보이는 것만으로 시원하니
다가가 바라본 속살은
슬립이 감겨 걸쳐 있다.
그 사이로 비친 잔가시 햇살에
청내음이 아찔하다.
마루에 자리를 펴고서
박초바람과 정오를 맞으면
수줍은 매무시로 서리꽃을 내리니
가지지 않고 따지 않아도
쌀밥 같은 꽃이 맞다.

입방정

새벽에 가장 신이 난 건
정말 새 참새다.
여자와 집과 밤새 헐떡인 십자가가
모습을 드러내길 무척이도 주저한다.

모습이 서서히 벗겨진다.
어둠 속에서 속살로 아릿거리고
제일 먼저 본 참새가
온 동네 떠들어댄다.

어제 본 모습이다 아니다.
다 벗겨질 때까지 떠든다.
내일 떠들 일까지 떠든다.

끝이 없는 계산

원주율 파이, 하루의 시간, 지축의 세차운동
계산이 끝나지 않는다.
숫자로 표시하고 답을 내려 하지만
계산이 끝나지 않는다.
누구나 삶을 숫자로 표시하고 답을 내려 하지만
계산이 끝나지 않는다.

딱 떨어지는 계산일 때
비로소 우주가 마무리된다.
뒤엉켜 카오스가 열리고
천체가 수없이 돌아가도
딱 떨어지지 않는 계산에
우주는 살아가고 있고 삶은 그치지 않는다.

답을 구하려고 생을 다 바친 이도 있지만
답이 답이 되지 못하고
우주가 지탱되는 데에 놀라워만 한다.
숫자로 표시하기를 거두어야 하는 것은

우주 스스로는 계산을 한 적이 없고
계산이 끝나지 않으니 살 수 있는 것이다.

뫼비우스의 띠가 되는 세상

반짝이는 호수는 깊이를 모르게 하고
지나던 박새는 풍경소리에 뱅그르르 돈다.
시장의 고함소리는 산자의 증언인 양 반복되고
파는 물건은 애처로워도 자리는 굳건하다.
가로수는 줄을 서야 하는 이유를 모르고
길은 고향을 향하여 기도를 올린다.
도시는 열기 속에 뒤엉키더니
야간 불빛은 물결을 그으며 선으로 정돈한다.

텔레비전 주변은 그냥 침묵이다.
저녁 6시에 약속장소로 가려고 텔레비전을 켠다.
오늘도 산속이고 시장이다.
도시는 제 마음대로 펼쳐지고 다시 만나기를 바란다.
오늘도 산속에서 도시로 끝난다.
텔레비전을 끈다.
외로우면 다른 약속을 찾아 다시 텔레비전을 켠다.

애드벌룬

달을 판다.
'이 달 창고 대방출 80% 할인'
달을 사려고 사람이 넘친다.
잘 보이는 곳에 걸어둔 달, 보는 데도 때가 탄다.
인기 있는 달은 금빛 달, 주워 담기 바쁘다.
간혹 검은 달은 숨기듯 말아 준다.

여자가 붉은 달을 찾아 구석구석 더듬는다.
보이는 건 항시 달라
쟁반같이 둥근 달은 삼키고 싶고
공같이 둥근 달은 발로 차고 싶다.
달 속에 달이 가득하다.
밤이 깊어가니
달은 소란을 삼킨 그림자를 만들고
어미달은 밤새 그림자를 지킨다.
시커멓게 흐무러진 몸이라도
희멀겋고 요요한 골목이라도
어미달은 밤새 그림자를 지킨다.
탯줄에 묶인 달이 떠 있다.

콩돌 도인촌

도가 넘쳐 그 모습이
빤질빤질 뺀질이다.
도인을 만나러 모진 풍파 겪었다는
아니 풍파는 아직도 모른다는
세상의 범인들 다 모였다.
도인의 가르침이란 게
사뿐대는 모래도 없이 바람 한 짐 깔아놓고
각각의 색기에 빤짝빤짝 빛을 내어
동글동글 몸뚱어리 켜켜이 포개 보이니
깨달음을 보았다고 일제히 함성이다.

도인들은
날마다 불덩이 되고 얼음이 된다.
자신을 버리고 버려 단단함만 남기고
걸치는 게 힘들어 빤질빤질하게 벗겨낸다.
시선詩仙*은 쇠막대를 간 바늘에서 만들고
도인촌의 몽돌은 바람이 갈아 만든다.
짠 내를 씻고 거품을 들이마시며

더욱 몸을 조이고 조여

언젠가는 흰 깃털을 달고 따오기가 되어 날고픈

백령* 도인촌이다.

* 시선 : 이백. 자 태백太白. 호 청련거사青蓮居士. 두보杜甫와 함께 '이두李杜'로 병칭되는 중국 최대의 시인이며, 시선詩仙이라 불린다.
* 백령 : 따오기가 흰 날개를 펼치고 공중을 나는 모습처럼 생겼다하여 '백령도白翎島'라 붙여졌다.

박수 왜 치는 거야?

기분이 좋아서
느낌이 와서
놀라워서
놀라우면 박수를 친다고?
그땐
주먹을 불끈 쥐고 와~ 소리를 지르잖아

박수 왜 치는 거야?
부딪히는 소리가 좋아서
부딪히면 열이 올라서
흥분이 되어서
흥분이 되면 박수를 친다고?
그땐
몸을 비틀며 으으으~ 괴성을 지르잖아
아, 그냥 의전이라고?
가수가 두 곡을 부르면 앵콜 하잖냐고

새

그녀가 눈을 껌벅이는 사이
남자는 일어선다.
아이가 배고프다고 울어대는 사이
엄마는 밥 짓는 일을 잊는다.
기차를 타고 플랫폼을 빠져나가는 사이
돌아오라는 그의 전갈이 날아온다.
바람이 분다고 호들갑을 떠는 사이
사이로 새들이 사라진다.

수천 리 밖에서도
새는 사이를 이으며 집을 찾는다.
나도 모르는 사이 일들은 벌어지고
벌어진 일들은 틈을 찾아낸다.
사이는 아직도 잴 수 있는 거리
사이와 사이에
다시 새가 날아와 앉는다.

이야기로 쓰는 시 · 1
—어주구리漁走九里

예전에 중국에서 한 농부가 논물을 대러 저수지를 갔겠다.

구름이 졸고 있는 그렁그렁 저수지에
버들가지 허리 굽혀 몰래 입 맞추니
물고기 한 마리 펄쩍 뛰어오른다.
별일 없어 농부는 논물을 준비하고
참을 먹기 좋다고 화덕을 짓는다.
익은 소리가 다시 올라 찰나에 몸을 틀어보니
시커먼 물고기가 다른 놈을 쫓고 있다.
뛰는 놈은 붕어고 쫓는 놈은 가물치다.
뛰고 뛰다 지친 붕어 물 밖으로 도망친다.
농부는 횡재라 얼른 잡아 보았더니
예전에 보지 못한 엄청 큰 붕어다.
맛있게 참 요리로 일손들과 배불리 먹고
동네에 내려가 한 말씀한다.
저수지에 가물치와 붕어가 쫓고 쫓기기를
자그마치 도망을 구리九里나 치더라.
동네사람 야유에

아무래도 칠리七里나 팔리八里는 넉히 된다 하니
동네사람 야유를 더하여
쓸데없이 허풍이 센 농부를 어주구리라고 했다.
우리는 허풍쟁이에게 눈을 옆으로 찢으며 말한다.
어쭈구리

이야기로 쓰는 시 · 2
—시벌노마施罰勞馬

2011년 교수들은 사자성어로 파사현정破邪顯正을 내놓으며 그릇된 것은 깨지고 바른 것이 드러나길 바랐고 KBS 노보는 시벌노마를 선정했다.

나는 야윈 말
윤기 나는 털이라도 가졌으면
짐을 옮기는 나귀 신세는 아닐 것이다.
보기에는 그래도 힘이 있어
주인이 바라는 대로 할 일은 한다.
내리치는 회초리가 몸에 닿으면
내 몸은 회초리에 질경이처럼 감긴다.
내 먼산바라기 눈은 스치는 말의 가슴을 떨게 하고
내 기다란 목은 언제든지 허그할 준비가 되어 있다.
내 긴 다리는 언제나 앞설 수 있고
내 울음은 고향으로 돌아가는 소리가 된다.
열심히 노력하면 노마勞馬의 칭호가 따르나
벌을 내리는 시벌施罰의 채찍은 늘 있어왔다.
당나라부터 천년을 넘은 시벌노마의 유훈은

어느 날 주마가편走馬加鞭이 내 자리를 대신하고
그 뜻은 더욱 분발하라는 옥음으로 바뀌었다.

윗사람이 더욱 분발하라고 채찍을 즐겨 드니
화장실에서 골 난 소리가 오줌발에 섞여 쏟아진다.
씨발놈아

|해설|

주객전도의 상상력과 역지사지의 심법心法

—정무현의 시세계

이현호 | 시인

'갑질'이라는 '오래된 신조어'가 유행하는 시대다. 갑질에 피해를 입은 사람들의 억울한 사연이 매일같이 뉴스에 오르내린다. 주지하다시피 갑질은 '갑을관계'에서의 '갑'에 '그와 관련된 어떤 행위'를 뜻하는 접미사 '—질'이 붙어 생겨난 말이다. 본디 갑을관계는 계약서상의 계약 당사자를 차례로 지칭하는 법률 용어인 '갑甲'과 '을乙'에서 비롯된바 주종主從・우열優劣・상하上下 등을 구별하는 개념이 아니었다. 그런데 언제부턴가 수직적 권력관계를 의미하는 것으로 인식

되며, '갑질'은 우월한 위치에 있는 자가 상대방을 부당하게 대우하는 일을 일컫게 되었다. 근래에는 '슈퍼 갑', '울트라 갑'이라는 말까지 등장하여 도를 넘어선 갑질의 행태를 꼬집고 있다.

세상에는 절대적인 갑은 물론이거니와 절대적인 을도 없다. 갑과 을의 관계는 상대적이어서 누구를 어디서 만나느냐에 따라 그 위계가 수시로 변한다. 아르바이트를 하며 온갖 갑질에 시달리던 이도 다른 가게에 들어서면 손님으로서 갑의 자리에 선다. 대통령이 탄핵을 당하고, 대기업의 총수가 재판정에서 고개를 조아리는 모습은 영원한 갑은 없다는 걸 시사해준다. 이처럼 갑을의 생태계에서는 우리 모두가 누군가의 갑이면서 누군가의 을이다. 인간관계를 권력 여하에 따라 갑과 을로 구별하는 이분법은 그 자체로 폭력적이지만, 갑질의 폭력이 더욱 문제적인 건 이것이 내리 물림되며 뫼비우스의 띠처럼 순환한다는 점이다. 을은 갑이 되는 순간 을의 고충을 헤아리기보다는 여 보란 듯이 을로서 당한 수모를 되갚는 경우가 적지 않다. 갑질이 심각한 사회적 병폐로 대두된 건 어제오늘의 일이 아니다. 이 악순환의 고리를 어떻게 끊을 수 있을까?

약간은 어지러워도 팽팽하지는 않은 날
다윗과 골리앗이 비교 안 되는

사금파리와 해가 싸움이 붙었다.
사금파리가 추워하기에
몸을 데워주려 한 거만한 자선이 문제였다.
괜찮다는 사금파리에게
이 정도는 껌값이라는 여유가 문제였다.
사금파리가 칼날 같은 이빨을 들이댄다.
해가 열불이 난다.
사금파리 아랑곳없이 독을 뿜으니
해가 찍듯이 열을 꽂는다.
사금파리의 독기가 칼끝에서 빛을 낸다.
달아올라 불가마에 넣어질 순간이다.
구름이 보다 못해 해를 막아선다.
시커멓게 속이 타들어간 매지구름의 진물이
툭, 떨어진다.
사금파리 열 오른 몸으로 눈물 찔끔댄다.
곧 한바탕 울음바다가 될 성싶다.

「밀도 안 되는 싸움」 전문

다윗과 골리앗의 싸움 이야기가 전하는 『구약성서』에는 노아와 세 아들에 대한 이야기가 나온다. 어느 날 노아의 아들 함은 아버지가 포도주를 마시고 취해서는 하체까지 벌거벗은 채 천막 안에 누워 있는 모습을 본다. 그가 밖으로 나가서 두 형제인 셈과 야벳에게 이를 알리자 이들은 옷을 가져다가 자기들의 어깨에 메고는 뒷걸음질 쳐 천막 안으로 들어간다. 두 형제는 얼굴을 돌린 채 아버지의 치부를 옷으로 덮어준다. 술에서 깬 노아는 아들이 자신에게 한 일을 알고는 함의 아들인 가나안에게 저주를 내린다. 함의 행동은 아버지를 위한 셈이었지만, 그 과정에서 노아가 느꼈을 수치감을 살피지 못했다. 「말도 안 되는 싸움」에 드러난 해의 생색내기는 이런 함의 경솔함을 닮았다. 해의 "거만한 자선"과 "이 정도는 껌값이라는 여유"는 아버지의 허물을 은밀히 돌보는 셈, 야벳의 손길과 얼마나 다른가. 사금파리는 사기그릇의 깨어진 작은 조각이다. 그는 이미 '깨어짐'이라는 상처를 안고 있는 존재다. 해의 적선에는 그 상처에 대한 이해와 동정이 결여되어 있다. 진정성이 없는 도움의 손길은 오히려 수혜자의 자존심을 짓밟는 모욕이 되기 십상이다.

자존심에 상처를 입은 사금파리는 해에게 "칼날 같은 이빨을 들이댄다." 그야말로 "다윗과 골리앗이 비교 안 되는" 말도 안 되는 싸움이다. 이런 사금파리의 기개는 보는 이로 하여금 '처연한 통쾌감'을 불러일으킨다. 통쾌감이라는 말 앞에 굳이 처연하다는 형용사를 덧붙인 것은 이 싸움의 결과가 명약관화한 탓이다. 고래로 약자가 용기와 기지로 강자를 물리치는 얘기는 무수히 창작되어 왔다. 거기에는 창작자와 그 작품을 향유하는 계층의 소망이 고스란히 투영되어 있다. 약자가 승리하는 서사로써 고통스러운 현실을 위무하는 것이다. 그렇지만 이는 어디까지나 상상 속의 일이다. 강자에 맞서 약자가 이기는 이야기가 많이 창작되었다는 사실은 그런 일이 실제로는 쉬 일어나지 않는다는 걸 방증한다. 현실의 싸움에서 다윗이 골리앗을 쓰러뜨리는 건 일대 사건이다. 보잘것없는 사금파리의 도전에 "해는 열불"을 내고, "독을 뿜"는 사금파리에게 "찍듯이 열을 꽂는다." 끝내 사금파리는 "열 오른 몸으로 눈물"을 찔끔거린다. "시커멓게 속이 타들어간 매지구름의 진물"이 사금파리가 흘리는 눈물이라면, "한바탕 울음바다"는 이 말도 안 되는 싸움을 치르는 사금파리'들' 모두의 눈물이다. 이것은 을이 처한 현실이자 을의 세계에 대한 은유이기도 하다.

뿌리는 각자의 도장으로 박았다.
근본이 다르다고
서로의 핏줄이 앞선다고
한 몸으로 엉겨 붙어 드잡이한다.
허리가 꺾어져야 결판이 날듯
피아의 분별을 하려고 해도
상처투성이 한 몸이다.
박힌 도장을 뽑지 않는다.

—「연리지」 전문

거들먹거리는 해의 자선에 독기 어린 칼끝을 빛내다가

그예 매지구름의 진물 같은 눈물을 툭 떨구는 사금파리의 모습은 권력관계로 변질된 작금의 갑을관계를 환기한다. 나는 너와 "근본이 다르다"는 듯 중천에 떠서 사금파리를 쏘아보는 해의 시선은 갑의 그것과 다름없다. 하나 전술한 대로 갑과 을의 위계는 유동적이다. 갑이 되기 위한 치열한 싸움은 "한 몸으로 엉겨 붙어 드잡이"하는 데 지나지 않는다. "허리가 꺾어져야 결판이 날듯"한 생존경쟁 끝에 남는 건 "피아의 분별을 하려고 해도/상처투성이 한 몸"인, 갑이자 을인 야누스의 얼굴일 뿐이다. 「연리지」가 말하는 갑을의 진실은 우리를 증명하는 '도장'이 박혀 있는 곳은 너나없이 한곳이라는 것이다. 우리 모두는 같은 땅 위에 발을 딛고 서서 같은 공기를 들이마시며 살아가는 존재라는 것. 「연리지」는 짧은 시행으로써 이 자명한 진리를 새삼 우리에게 일깨워준다.

「말도 안 되는 싸움」이 갑의 위선과 을의 울분을 드러냈다면, 「연리지」는 그 위선과 울분의 화살이 종내 어디를 향하는지를 일러준다. 정무현 시인의 문제의식이 천착하는 지점도 이 부분이다. 제 살 깎아 먹기에 불과한 폭력의 뫼비우스 띠를 어떻게 해소할 것인가. 우리는 어떻게 공동체 의식을 회복할 수 있을 것인가. 이를 위해 정무현 시인은 사회적 이슈와 소외된 이웃의 삶에 주목하면서도, 섣부른 해결책을 제시하는 우를 범하지 않는다. 그는 먼저 우리 사회가 품고 있는 제 문제를 꼼꼼히 진단한다. 「알고 싶습니다」, 「한글학자는 바쁘다」, 「대마도」, 「도시인」, 「월급쟁이가 맞는 아침」, 「찬티 안티」, 「24시간 비서되다」, 「도시에 선 카인」, 「전철역 계단」, 「1572호 전동차」, 「뫼비우스의 띠가 되는 세상」 등이 사회문제에 관한 것이라면, 「발가락 사이 때」, 「받침대」, 「가족복지제도」, 「다랑이의 꿈」 등은 사소하고 연약한 존재들에 던지는 눈길이다. 「지금마다 답이다」, 「가슴을 연다는 건」, 「세상 원리를 찾다」, 「끝이 없는 계산」등은 이 문제들의 해결과 거기서 비롯한 상처의 치유에 관한 시인의 모색이다. 이처럼 이 시집은 몇 갈래의 방향을 가지고 있는데, 이를 아우르며 시집 전반에 걸쳐 작동하는 시적 방법론이 한 가지 있다. 주체와 객체의 자리를 바꾸어 생각하는 주객전도의 발상과 타인의 입장에서 그 처지를 헤아리는 역지사지의 심법心法이 바로 그것이다. 특히나 이 점이 우리의 주목을 끄는 건 거기에 제 문제들의 해법이 숨어 있는 까닭이다.

가만히 있는 너를 많이도 흔들었지
나무가 흔들고
파도가 흔들고
풀잎마저 흔들었지
가만히 있으려 해도 자꾸 흔드니 참을 수 없어
된바람으로 화를 내고 웅웅 울기도 하고

북새바람으로 겁을 주기도 하다
마침내 태풍으로 엎어버렸지

풀잎이
나무가
파도가
너를 흔든 건
세상에 바라는 걸 알리려 했던 거야
네가 몰랐던 거야

—「바람」 전문

우리의 통념에서 '흔드는 것'의 주체는 언제나 '바람'이다. 이 시는 그런 우리의 고정관념을 여지없이 뒤엎는다. 시의 화자는 "나무가 흔들고/파도가 흔들고/풀잎마저 흔들었"기 때문에 바람이 분다고 말한다. 시인의 상상력은 여기서 한 걸음 더 나아가 "가만히 있으려"는 바람을 "자꾸 흔드니 참을 수 없어" '된바람'과 '북새바람'과 '태풍'이 몰아친다고 얘기한다. 화자는 주체(바람)와 객체(나무, 파도, 풀잎)를 전도한 뒤 객체가 된 바람의 입장을 대변한다. 재미있는 건 이런 주객전도와 역지사지가 한 번에 그치지 않는다는 점이다. 시인의 상상력은 네트의 이쪽과 저쪽을 오가는 탁구공처럼 통통 튀며 자유롭게 주객主客의 자리를 내왕한다. 2연에서 화자의 입을 빌려 말하는 이는 풀잎과 나무와 파도다. 너희가 자꾸 흔들었기 때문에 "마침내 태풍으로 엎어"버렸다는 바람의 항변에 풀잎과 나무와 파도는 "너를 흔든 건/세상에 바라는 걸 알리려 했던 거야"라고 응수한다.

갑과 을의 위치는 고정되어 있지 않다. 누군가의 갑은 동시에 누군가의 을이다. 따라서 사건의 단면만을 보고 무조건적으로 갑을 비난하는 일은 '연리지'가 그렇듯 누워서 침을 뱉는 격이 될 수 있다. 「바람」이 보여주는 자유자재한 상상력은 이런 갑을관계의 맹점을 폭로함으로써 주체와 객체를 구별하는 이분법의 논리를 가뿐히 돌파한다. 또한 주객전도가 단지 주체와 객체의 자리를 바꿈으로써 이분법 구조의 재편에 머무는 한계를 뛰어넘는다. 하여 "네가 몰랐던 거야"라는 저 간명하고 투명한 진술은 그리 만만한 것이 아니다. 이해는 무지의 인정에서부터 태동하기 때문이다. 당신이 되어본다는 것, 당신의 처지에서 그 마음을 헤아려보는 일은 비정상적인 권력관계를 해체하고 공동체 정신을 복원하는 첫걸음이다. 그런 뒤에야 '해의 자선'은 선의가 왜곡되지 않은 선행으로 이어질 수 있다.

그녀가 눈을 껌벅이는 사이
남자는 일어선다.
아이가 배고프다고 울어대는 사이

엄마는 밥 짓는 일을 잊는다.
기차를 타고 플랫폼을 빠져나가는 사이
돌아오라는 그의 전갈이 온다.
바람이 분다고 호들갑을 떠는 사이
사이로 새들이 사라진다.

수천 리 밖에서도
새는 사이를 이으며 집을 찾는다.
나도 모르는 사이 일들은 벌어지고
벌어진 일들은 틈을 찾아낸다.
사이는 아직도 잴 수 있는 거리
사이와 사이에
다시 새가 날아와 앉는다.

—「새」 전문

「새」의 시적 대상들이 보여주는 미묘한 어긋남의 원인도 결국 이해의 부족이다. 그녀와 남자, 아이와 엄마, 떠남과 붙잡음은 마치 새가 나뭇가지에 앉지 않고 아슬아슬 그 위를 스쳐지나가듯이 서로 교차한다. 이들이 서로 엇갈리는 건 그 사이에 '사이'가 없는 까닭이다. '사이'란 관계 맺음의 필수 불가결한 요소다. 진정한 관계는 나와 당신의 사이를 인식하는 데서 비로소 시작된다. 나와 당신의 자리를 알아야지만 우리는 서로에게 다가갈 수 있다. '사이'는 곧 당신에게 이르는 길이다. 이 사이에 깃드는 '새'는 우리가 서로를 이해하는 데서 피어나는 긍정적인 가치들의 상징일 테다.

"나도 모르는 사이 일들은 벌어지고/벌어진 일들은 틈을 찾아"내듯이 수시로 갑과 을의 가면을 바꿔 쓰는 와중에 우리는 알게 모르게 서로에게 상처를 입힌다. 그럼에도 불구하고 "사이는 아직도 잴 수 있는 거리"다. "수천 리 밖에서도/새는 사이를 이으며 집을 찾는다."는 표현이 전하는 건 그러한 희망이다. "사이와 사이에/다시 새가 날아와 앉"을 때 우리는 이 사회가 직면하고 있는 문제들을 조금씩 고쳐나갈 수 있을 것이다. 이 시의 '새'가 '새鳥'이자 '사이의 준말'인 '새'로도 읽히는 건 그래서 의미심장하다. "사이/사이로" 사라지는 것이 '새(사이)'라면 다시 "사이와 사이"를 이어주는 것도 '새(사이)'다. 우리에게는 아직 잘못을 바로잡을 '새(사이)'가 있다.

연약하여 아무도 거들떠보지 않는다.
마지막 힘을 다해 장막 속에서 기어오르기로 했다.
이마저 못한다면 종족을 끊은 죄가 된다.
큰 나무를 타고 오르니 어지럽고 무섭다.
겪어보지 못한 바람이 사정없이 뺨을 후려댄다.

어떡해서든 살아야 한다.
나무 우듬지로 머리를 드밀고 받아든 한 줌의 햇살

너무 높아 아래로 내려보낼 수가 없다.
식구의 아우성이 온몸을 흔든다.

애초에 블랙홀을 만들 생각은 없었다.
아둔한 머리로 할 수 있는 길은
제 손에 구멍을 내는 치명상이다.
볼품없이 벌레에 갉혀 없어지느니
빛을 빨아먹는 구멍충을 길러
길게 빠르게 빛을 가두어 두련다.
이건 우연이 아니다.

—「라피도포라」 전문

식물은 잎을 통해 광합성을 해야만 살 수 있다. 빛은 천지 사방에 있지만 모든 식물이 공평하게 그 빛을 쬘 수 있는 건 아니다. 언뜻 식물은 정지해 있는 것처럼 보이지만 사실 생존을 위해 끊임없이 빛을 쫓아다니고 있다. 다른 식물보다 더 높은 곳에 올라 한 줌의 빛이라도 더 쬐려는 이들의 생존경쟁은 동물의 그것 못지않다. 더구나 식물은 이동을 할 수 없기 때문에 이들의 향일성向日性은 그야말로 생존을 위한 사투에 다름없다. 당연히 이런 극한의 생존경쟁 속에서 잎에 구멍이 뚫린다는 건 치명적인 일이다. 그런데 어떤 식물은 일부러 잎에 구멍을 낸다. 무엇 때문일까?

이 시에 붙은 각주에 따르면 '라피도포라'는 "스스로 잎에 구멍을 내어 아래쪽 잎에도 햇빛을 닿게 하여 살아가는 덩굴식물"이다. 덩굴식물인 라피도포라는 빛을 사냥하기 위해 큰 나무를 타고 오르는데, 드물게 무성한 나뭇잎을 뚫고 들어오는 햇빛을 만나기도 한다. 이때 위쪽의 잎들이 아래쪽 잎들의 햇빛을 가리게 되면, 라피도포라는 위쪽 잎에 스스로 구멍을 내어 막 자라나는 아래쪽 잎들에게 빛을 나눠준다. 구멍이 난 잎에게는 손해지만 전체 잎들이 받을 수 있는 빛의 양은 그 손해 이상으로 늘어난다. 개체의 자기 희생이 전체를 살리는 것이다. 라피도포라는 비록 식물이지만 희생과 나눔을 실현함으로써 오랜 세월 적자생존의 전장 속에서 살아남을 수 있었다.[1)]

이 시의 화자는 제목 그대로 '라피도포라'이다. 라피도포라는 어지럼증과 공포를 느끼면서도 마지막 힘을 다해 숲의 장막 속을 기어오른다. 나무 우듬지로 머리를 드밀고 어떡해서든 한 줌의 햇살을 받아 생生을 지속하려는 라피도포라는 식구를 위해 생활 전선에서 분투하는 가장의 모습과 오버랩된다. 겪어보지 못한 바람에 사정없이 뺨을 얻어맞는, 아무도 거들떠보지 않는 라피도포라는 저 큰 나무들에 대하여 연약하기만 한 '을'이다. 재언하건대 우리는 모두 갑이면서 을이다. 라피도포라는 숲속의 을이지만 라피도포라의

1) EBS 다큐프라임 〈녹색동물〉 2부 '굶주림'에서.

이파리를 떼어놓고 보면 그 안에도 권력이 엄존한다. 위쪽에 자리한 잎은 아래쪽 잎의 생사여탈을 쥐고 있다. 잎사귀들이 그저 햇빛을 더 받는 일만 생각했다면 라피도포라는 지금껏 살아남지 못했을 것이다. 이파리는 각각 따로 존재하는 듯하지만 그들은 라피도파라라는 전체의 일부이다. 잎사귀는 하나의 줄기에 묶여 있다. 라피도포라는 진정으로 사는 길이 무엇인지 알고 있다.

인간은 인간을 떠나서는 살 수 없다는 점에서 뿌리를 옮길 수 없는 식물과 크게 다르지 않다. 또한 인간과 식물은 같은 생물로서 살아 있는 모든 것들이 겪는 어려움을 똑같이 겪는다. 영양분을 섭취해야 하고, 자손을 퍼뜨리기 위해 노력한다. 우리는 식물을 한낱 미물로 취급할 뿐이지만 삶의 태도에 있어서 과연 인간이 라피도포라보다 낫다고 할 수 있을까. 여기에 정무현 시인이 이번 시집을 통해 우리에게 전하는 메시지가 있다. 주객전도의 상상력과 역지사지의 심법을 바탕으로 한 그의 시는 중심이 아니라 모서리를, 힘 있는 것들이 아니라 소외된 것들에 따듯한 눈길을 던지며 상생의 가치를 되짚는다. "촛불은 자신을 태워 이름을 얻었지만/사라지는 고통보다는/함께하며 견뎌가는 숙명을 택한다."(「받침대」)는 시의 한 구절이 그 어느 때보다 절절한 요즈음이다.